# Häkeln lernen für Anfänger

Wie Sie die gängigsten Maschenarten leicht erlernen und erste
eigene Projekte Schritt für
Schritt fertigstellen

Marlies Brandau

# INHALT

# Das erwartet Sie in diesem Buch

Sie haben Lust, etwas Neues zu lernen? Sie haben sich dabei für das Häkeln entschieden und möchten nun loslegen, wissen aber noch nicht genau, wie? Dann sind Sie mit diesem Buch genau richtig. Es führt Sie ein wenig an die Geschichte des Häkelns und seine Auswirkungen auf uns heran, es erklärt, was Häkeln eigentlich ist, dazu die Grundlagen des Häkelns und was Sie alles dafür benötigen oder später noch benötigen werden. Auch lernen Sie die verschiedenen Wollarten, ihre Herkunft und Eigenschaften kennen.

Es werden Ihnen die wichtigsten Maschenarten und Techniken erklärt, sodass Sie gut vorbereitet sind. So können Sie gleich loslegen und die ersten Schritte zu Ihrem ersten Projekt machen, wofür Sie in diesem Buch auch Anleitungen finden werden.

Auch ein paar Tipps, wo Sie sich später weiter informieren können, erhalten Sie am Ende des Buches, damit Sie Ihr Hobby dann natürlich auch noch weiter ausbauen und noch mehr lernen können.

# Was ist Häkeln?

Das Häkeln ist eine Handarbeitstechnik bzw. kann man es auch als Kunsthandwerk bezeichnen, da viele es wirklich sehr kreativ umsetzen.

Beim Häkeln wird Wolle mit einer Häkelnadel, welche am Ende einen kleinen Haken hat, verarbeitet. Man kann sie zu Schals, Mützen, Kleidungsstücken, Accessoires und vielen verschiedenen Dingen mehr verarbeiten und dabei viele verschiedene Muster, Techniken und Formen verwenden.

Wann das Häkeln populär wurde, kann man nicht genau sagen, da gibt es viele verschiedene

Theorien, sicher ist jedoch, dass es das Wort „häkeln" seit dem Ende des 17. Jahrhunderts gibt, was damals eine allgemeinere Bedeutung für „mit dem Haken fassen" wurde.

Häkeln ist nicht nur ein Hobby, mehrere Studien beweisen, dass es auch sehr gut für die psychische Gesundheit ist. Dadurch, dass das Häkeln Puls und Blutdruck senken kann, kommt man in eine Entspannung, ähnlich wie z. B. beim Yoga. So kann man also auch wunderbar Stress abbauen und sich so auch wieder besser konzentrieren, was auch gut bei Depressionen und Angstzuständen hilft.

Es kann auch das Risiko für Alzheimer und Demenz um bis zu 50 % senken. Das liegt zum Beispiel daran, dass man meist beim Häkeln im Voraus plant und alles immer im Blick behält. Dadurch werden kognitive Eigenschaften trainiert, was auch wieder zu besserer Konzentration führt.

Genauso kann es beim Abnehmen helfen. Wie? Das ist ganz einfach: Man ist körperlich und geistig/gedanklich beschäftigt und abgelenkt mit etwas Sinnvollem. Das Häkeln ist einfach sehr vielseitig und Sie können dabei auch gut Ihre

Kreativität ausleben. Sei es im Kombinieren von Farben oder im Kreieren eigener, neuer Projekte.

# Was brauchen Sie dafür?

## HÄKELNADELN

Das wichtigste Werkzeug beim Häkeln ist natürlich die Häkelnadel. Sie gibt es in vielen verschiedenen Stärken und ist wie ein Stab oder Griff mit einem Haken oben dran, mit welchem die Wolle gegriffen wird. Der Haken ist dabei das Wichtigste an der Häkelnadel, ohne ihn funktioniert das Häkeln nicht, weil die Wolle dann nicht gegriffen werden kann.

Sie wird aus vielen verschiedenen Materialien wie z. B. Birkenholz, Rosenholz, Bambus, Aluminium, Stahl und Kunststoff hergestellt. Da gibt es auch wiederum viele verschiedene Arten davon, die für die Herstellung genutzt werden. Manchmal werden die Materialien auch kombiniert, zum Beispiel wird der Griff aus Holz oder Kunststoff und der Haken oben aus Metall gemacht. Wichtig ist auf jeden Fall, dass das Material, welches mit der Wolle in Berührung kommt, schön glatt ist, damit die Wolle schön darüber gleiten kann.

Oftmals sind die Griffe noch mal mit einer Gummischicht überzogen, damit die Oberfläche einfach griffiger und nicht so rutschig ist und somit besser gehalten werden kann. Dazu gibt es noch viele verschiedene Formen und Farben. Bei den Formen gibt es kaum Grenzen. Entweder sind es sehr kreative Formen, damit die Häkelnadel einfach schön aussieht, oder es gibt auch ergonomische Formen, welche sehr schön in der Hand liegen und so manchem das Häkeln auch erleichtern können. Mittlerweile gibt es auch bei Häkelnadeln wunderschöne handgearbeitete Einzelstücke, welche für Liebhaber natürlich sehr schön sind. Es gibt auch beleuchtete Häkelnadeln, welche bei schlechtem Licht das Häkeln erleichtern sollen.

Genauso gibt es so viele Marken, welche Häkelnadeln herstellen und vertreiben. Damit können Sie sich dann aber zu späterer Zeit befassen, wenn Sie wirklich an diesem tollen Hobby dranbleiben. Sie sehen also, es gibt wirklich eine sehr große Auswahl, wählen Sie für den Anfang eine Häkelnadel aus, mit der Sie sich einfach wohlfühlen und deren Stärke auch nicht zu klein ist. Lassen Sie sich dafür auch gern in einem Fachgeschäft dafür beraten, dort wird Ihnen sicher sehr gern geholfen.

## WOLLE

Kommen wir zum Zweitwichtigsten für das Häkeln: der Wolle. Bei der Wolle gibt es eine riesige Auswahl, denn sie gibt es in allen möglichen Materialien, Farben, Verarbeitungen und Stärken. Es gibt bei der Wolle synthetische, tierische und natürliche Fasern, gern werden sie auch mal kombiniert.

Bei der synthetischen Wolle gibt es zum Beispiel Acrylwolle, welche chemisch hergestellt wird, aber eher für Waren ist, welche industriell hergestellt werden. Sie ist sehr weich, aber auch temperaturempfindlich. Wärmer als bei 30 Grad sollte man sie nicht waschen. Dann gibt es noch

Nylon und Polyester, sie machen die Wolle elastischer und auch stärker und diese sind meist nur ein Bestandteil. Gerade Polyester ist sehr strapazierfähig, nimmt wenig Feuchtigkeit auf und ist auch sehr formstabil.

Auch Elastan gibt es, es ist eine Faser ähnlich dem Gummi, welche sehr dehnbar ist und meist mit einer anderen Faser noch kombiniert wird. Diese sogenannten Kunstfasern werden meist mit einer tierischen oder pflanzlichen Faser gemischt, um die Widerstandsfähigkeit zu erhöhen, aber es gibt noch einen großen Vorteil: Wenn tierische oder pflanzliche Fasern mit Kunstfasern gemischt werden, macht es diese dadurch preisgünstiger, als wenn Sie reine tierische oder pflanzliche Wolle kaufen. Auch sind Kunstfasern natürlich gut für Allergiker oder auch Veganer geeignet, die weder tierische noch pflanzliche Fasern nutzen können oder wollen. Sie werden durch einen chemischen Verarbeitungsprozess hergestellt, mittlerweile gibt es auch recycelte Wolle.

Wolle aus tierischen Fasern ist zum Beispiel Schafwolle, Alpakawolle, Angorawolle, Mohair-Wolle, Kaschmirwolle und Seidenwolle. Bei der Schafwolle gibt es viele verschiedene Arten, die wohl beliebteste ist die Merinowolle vom Merino-schaf. Dadurch, dass sie sehr fein ist, ist sie sehr weich, kratzt nicht und ist sehr hochwertig. Heut-zutage kommt die Merinowolle hauptsächlich aus Australien. Ein Merinoschaf gibt 2–4 kg Wolle pro Jahr.

Alpakawolle kommt vom Alpaka, welches eine aus den südamerikanischen Anden stam-mende, kleine Kamelart ist. Sie werden dort schon seit mehreren tausend Jahren gezüchtet und ha-ben weiches, flauschiges Fell. Alpakawolle ist auch gut für Allergiker geeignet. Sie ist sehr hoch-wertig und kann daher auch ziemlich teuer wer-den.

Die Angorawolle kommt vom Angorakanin-chen und ist die weichste Wolle, welche es gibt. Dadurch, dass sie sehr lufthaltig ist, wärmt sie be-sonders gut. Produkte aus Angorawolle kennt man auch aus dem medizinischen Bereich, sie sind gerade bei Menschen mit Rheuma und Arthrose beliebt. Ein Angorakaninchen gibt bis zu 1,5 kg Wolle pro Jahr ab.

Es gibt auch noch die Angoraziege, von wel-cher, nicht wie gedacht von der Mohair-Ziege, die Mohair-Wolle kommt. Diese Wolle lässt sich gut färben, glänzt sehr schön und ist eine langhaarige Sorte.

Die Kaschmirwolle oder auch Cashmere kommt von der Kaschmirziege. Sie ist die edelste Wolle, die es gibt. Ursprünglich kommt die Kaschmirziege aus dem Himalaja- und dem Pamir-Gebirge. Die Kaschmirwolle ist deswegen so teuer, weil eine Ziege nur ein paar hundert Gramm pro Jahr liefert, da sie nicht geschoren, sondern nur ausgekämmt werden.

Seide ist auch tierischen Ursprungs, sie kommt vom Kokonfaden der Seidenspinnerraupe. Bei der Verarbeitung werden mehrere Fäden miteinander verzwirnt. Da sich die Seidenspinnerraupen hauptsächlich von den Blättern des Maulbeerbaumes ernähren, nennt man die Seide auch Maulbeerseide. Seide besticht durch ihre Weichheit und ihren Glanz und ist sehr empfindlich.

Bei Wolle von pflanzlicher Herkunft wird wohl Baumwolle das bekannteste Material sein. Baumwolle ist atmungsaktiv und auch kühlend. Auch hält sie hohe Temperaturen aus, wodurch sie sich sehr gut für Topflappen oder Ähnliches eignet, da sie auch sehr heiß gewaschen werden kann.

Auch Bambus ist sehr beliebt, da diese Wolle sehr weich, leicht und glatt ist und sich wunderbar für empfindliche Menschen eignet. Bambus erhält man als reine oder auch mit anderen Fasern gemischt Wolle.

Es gibt auch noch Wolle aus Leinen. Es ist ein Material, welches Feuchtigkeit und Temperatur ausgleicht und auch luftdurchlässig ist und sich somit, wie Bambus und Baumwolle auch, gut für Sommerkleidung oder Ähnliches eignet.

Natürlich gibt es auch gemischte Wolle, diese erhält man in den meisten Läden in vielen Stärken und Farben. Wolle wird meist in Gramm angegeben und eine ungefähre Länge steht mit dabei. Alle wichtigen Informationen zu dem Knäuel, welches Sie in der Hand halten, steht auf der Banderole. Dabei sind die Grammangabe, die ungefähre Längenangabe, die benötigte Nadelstärke (z. B. 4–5), die Marke, das Material und Angaben für die Maschenprobe.

Auf manchen steht auch, dass sie zum Stricken ist oder extra Sockenwolle oder, oder, oder. Aber natürlich kann man die Wolle auch zum Häkeln oder anderem verwenden, lassen Sie sich davon also nicht beeindrucken.

Auch kann es vorkommen, dass Sie Knoten in einem Wollknäuel vorfinden. Bei einfarbiger Wolle ist das weniger schlimm als bei bunter, da dort der Farbübergang dann nicht mehr stimmen kann. Dies ist produktionsbedingt und daher kein Fehler im Knäuel. Sollten es aber sehr viele Knoten sein, können Sie sich an den Verkäufer wenden. Einen Knoten sollten Sie, wenn möglich, am besten öffnen und später beide Fadenenden einfach vernähen, denn wenn Sie ihn mithäkeln, kann es passieren, dass er irgendwann aufgeht und damit auch Ihre Arbeit kaputtgeht.

## SONSTIGES

Natürlich gibt es noch weiteres Zubehör, welches wichtig oder auch optional ist. Wichtig wäre auf jeden Fall eine Wollnadel zum Vernähen der Fadenenden, wenn Sie mit Ihrer Arbeit fertig sind. Wollnadeln gibt es auch in vielen verschiedenen Ausführungen, Größen und Materialien wie zum Beispiel Metall oder Kunststoff. Sie haben eine abgerundete Spitze, damit Sie mit der Nadel die Fadenenden gut vernähen können. Auch ist die Öse größer, damit die Wolle besser eingefädelt werden kann.

Ein Maßband ist auch immer von Vorteil, um die Arbeit abzumessen und um zu sehen, wie viel Sie vielleicht noch brauchen oder wann Sie fertig sind. Auch Maßbänder gibt es in vielen Ausführungen und Farben, sodass für jeden etwas dabei ist. Das Maßband sollte nach einiger Zeit aber kontrolliert oder ausgetauscht werden, da Maßbänder nach längerem und/oder intensivem Gebrauch gern mal ausleiern oder verziehen.

Auch eine Schere ist natürlich wichtig, da können Sie eine nehmen, die Sie sowieso schon zu Hause haben. Natürlich gibt es auch hier wieder eine große Auswahl, da es auch schon extra die sogenannten Fadenscheren gibt. Diese gibt es auch schon in unterschiedlichen Formen und Farben.

Diese drei Dinge sind wichtig, nachfolgend nun noch ein paar, die später wichtig sind oder sein können, oder auch einfach optional sind:

Maschenmarkierer sollten Sie immer haben. Da gibt es viele verschiedene, beim Häkeln ist es allerdings wichtig, dass Sie diese verschließen und wieder öffnen können. Anders als beim Stricken, bei dem Sie die Maschenmarkierer meist mit auf der Nadel haben, haben Sie sie beim Häkeln in der Arbeit, um wichtige Stellen zu markieren, zum Beispiel bei einem Farbwechsel oder um nicht immer wieder von Neuem nachzählen zu müssen oder um etwaige Ab- oder Zunahmen zu markieren. Wie bei den meisten Dingen gibt es auch diese wieder in unterschiedlichen Formen, Farben und Arten.

Ein Nadelmaß hilft, die Stärke einer Nadel zu bestimmen. Es ist ein Stück Holz oder Plastik, auf welchem verschieden große Löcher sind, durch welche Sie die Nadeln stecken können, um die Stärke zu bestimmen. Neben den Löchern stehen natürlich dann auch die passenden Stärken. Im Normalfall stehen die Stärken immer auf der Nadel, aber zum Beispiel bei Holznadeln sind diese nur aufgedruckt und können nach längerer Nutzung nicht mehr sichtbar sein.

Stecknadeln sind immer praktisch, zum Beispiel, wenn Sie zwei Häkelstücke zusammenhäkeln wollen. So bleiben die Stücke zusammen und verrutschen auch nicht. Aber auch für Markierungen können sie sehr praktisch sein.

Einen Reihenzähler können Sie später auch immer gebrauchen. Gerade bei größeren Häkelstücken ist er sehr praktisch, damit Sie sich nicht verzählen und immer wieder von vorn anfangen muss. Das Reihenzählen beim Häkeln funktioniert zwar ganz gut, mit der Nutzung dieses tollen Helfers sparen Sie sich die Zeit. Diese gibt es wieder in verschiedenen Ausführungen, Formen und Farben, analog oder digital, manche können Sie an den Nadeln befestigen, das ist eher beim Stricken gut, andere können Sie sich an den Finger stecken und wieder andere legen Sie einfach neben sich.

Später, wenn Sie bei diesem tollen Hobby bleiben und auch größere Projekte häkeln, dann wäre es auch nicht verkehrt, Zubehör zum Spannen bzw. Blocken zu haben. Am Anfang reichen zum Beispiel Styrodurplatten oder auch so eine Puzzlematte für Kinder und Stecknadeln. Später können Sie sich dann auch das Spannzubehör nach und nach kaufen. Es gibt extra Matten, Nadeln und auch Nadelkämme zum Spannen. Das Spannen ist wichtig, um ein Häkelstück schön in Form zu bringen. Wie es der Name schon sagt, wird es gespannt, es wird also – unter Spannung stehend und in Form gebracht – auf der Matte angebracht.

Davor wird es gewaschen und gut ausgedrückt, bitte nicht auswringen. Ein Häkelstück wird immer feucht gespannt und muss ganz austrocknen, dann kann es wieder abgenommen werden.

Das bringt uns unserem nächsten Produkt, das Wollwaschmittel oder auch Wollshampoo. Mittlerweile gibt es sogar dort wirklich eine sehr große Auswahl, von normal bis vegan und in allen möglichen Duftrichtungen. Am besten wird das Häkelstück damit von Hand gewaschen. Man muss nicht immer waschen, außer vor dem Spannen, da ist es wichtig, dass das Häkelstück feucht sein muss. Ein Häkelstück sollte nie ausgewrungen werden, immer nur ausgedrückt, bis das Wasser draußen ist. Das Waschen ist auch dafür gut, dass noch einmal eventuell vorhandene Restfarbe aus der Wolle gewaschen wird. Man kann das Häkelstück auch ohne Waschmittel waschen, jedoch bringt es mit mehr und die Nase hat oft auch noch eine Freude dabei.

Immer praktisch und auch oft schön anzusehen sind Wollabwickler oder Garnschalen. Diese tollen Helfer haben den Vorteil, dass das Knäuel, mit welchem Sie gerade arbeiten, gut aufgehoben ist und nicht dauernd irgendwo herumliegt oder auch wegspringt. Ein Wollabwickler ist normalerweise ein senkrechter Stab auf einer Art kleinem Teller, welcher sich, entweder durch ein Kugellager oder die Bauart selbst, schön und leicht mit dreht, sobald ein wenig Zug auf das Knäuel kommt. So müssen sie auch nicht immer extra am Knäuel ziehen, damit sich ein Stück abwickelt. Eine Garnschale ist meist dekorativ gestaltet und hat ein kleines Loch oder einen Einschnitt, gerade, gebogen oder auch spiralförmig, wodurch die Wolle gefädelt und in der Schale gehalten wird. So wickelt sie sich in der Schale ab und rollt dann nicht in der Gegend herum.

Natürlich können Sie am Anfang auch viele Alternativen verwenden. So können Sie statt der Wollnadel auch eine Nähnadel verwenden, deren Öse groß genug für die verwendete Wolle ist. Dabei sollten Sie aber darauf achten, immer zwischen das Garn und nicht durch das Garn zu stechen.

Anstatt Maschenmarkierern können Sie auch erst einmal ganz einfache Sicherheitsnadeln verwenden. Sie lassen sich auch öffnen und schließen und passen eigentlich überall durch. Dabei muss man dann allerdings aufpassen, sich nicht zu verletzen. Als Alternative für das Maßband können

Sie natürlich ein Lineal oder Ähnliches nutzen, was Sie gerade zur Hand haben.

Sie sehen also, allzu viel brauchen Sie für den Anfang nicht und es gibt auch meistens gute Alternativen für den Anfang, vor allem, wenn Sie nicht gleich zu viel Geld investieren möchten. Aber wie wählen Sie nun das Material, gerade Häkelnadel und Wolle für den Anfang aus? Wie vorhin schon erwähnt, sollten Sie sich einfach erst einmal damit wohlfühlen. Auf Marken oder Ähnliches kann man später immer noch achten. Auch ist es besser, die Nadelstärke oder die Wolle anfangs nicht zu dünn zu wählen, denn je dünner oder kleiner die Sachen sind, desto anspruchsvoller bzw. schwieriger wird es. Am Anfang wäre eine Nadel der Stärke 6 oder 7 und die passende Wolle dazu gut. Ob die Wolle zu der Nadel passt, steht immer auf der Banderole. Meistens umfasst diese Angabe 2 Größen, also zum Beispiel 6 bis 7. Oder lassen Sie sich einfach in einem guten Fachgeschäft dazu beraten, damit macht man auch nie etwas falsch. Sollten Sie feststellen, dass Sie sehr fest häkeln, nehmen Sie entweder die auf der Banderole größte angegebene Nadelstärke oder sogar noch eine Nummer größer. Sollten Sie dagegen feststellen, dass Sie sehr locker häkeln, nehmen Sie die kleinste angegebene Stärke. Hier aber bitte jedoch nicht noch eine Nummer kleiner, da das dann mit der Wolle oft nicht mehr funktioniert. Größer geht immer, kleiner aber nicht.

# Das Häkeln

## ALLGEMEINES

Kommen wir nun zum Wichtigsten: dem Häkeln selbst. Es wird in Reihen oder in Runden gehäkelt. In Reihen wird immer eine Reihe von rechts nach links gehäkelt und dann gewendet. Das wiederholt sich immer. Bei den Runden gibt es mehrere Varianten. Sie können Runden häkeln, welche auch mit einer Wendeluftmasche beginnen, diese werden dann immer mit einer Kettmasche geschlossen. Dann können Sie auch in Spiralen häkeln, dabei wird einfach immer weiter ohne eine Unterbrechung gehäkelt.

Beim Anfang, beim Ende und auch mittendrin, wenn die Farbe gewechselt wird, oder einfach ein neues Knäuel, sollten Sie immer ein Stück Faden dran lassen, um es später vernähen zu können, damit das Häkelstück nicht aufgeht.

Wichtig ist auch, dass Sie nicht zu viel Spannung auf dem Faden haben bzw. nicht zu fest anziehen beim Häkeln, denn dann wird es eher schwierig werden, da Sie die Nadel dann kaum oder gar nicht mehr durch die Maschen bekommen. Häkeln Sie lieber etwas lockerer am Anfang. Die richtige Fadenspannung kommt meist von allein mit der Übung und der Erfahrung. Seien Sie nicht enttäuscht, wenn die ersten Versuche schief oder unförmig werden. Wie fast überall gilt auch hier: Übung macht den Meister.

Beim Häkeln gibt es 4 Grundmaschen, mit welchen gearbeitet wird und aus welchen auch die ganzen Muster entstehen: die Luftmasche, die feste Masche, das halbe Stäbchen und das Stäbchen. Vom Stäbchen gibt es noch Varianten, diese lernt man allerdings später. Wir beschäftigen uns mit den 4 Grundmaschen, den Kettmaschen, den Wendeluftmaschen und dem Farbwechsel.

Jede Masche besteht aus verschieden vielen Schritten. Diese werden Ihnen bei den einzelnen Maschen natürlich genau erklärt. Auch wird bei Maschen immer von Höhe gesprochen.

## DIE HALTUNG

Wie Sie Nadel und Faden halten, ist auch meist wieder eine Sache des Wohlfühlens. Die einfachste Haltung für den Anfang und welche auch die meisten Menschen haben, sieht wie folgt aus:

Sie nehmen den Faden, halten ihn am Ende fest, führen ihn von hinten, dem Handrücken, zwischen dem kleinen und dem Ringfinger nach vorn durch. Danach zwischen Mittel- und Zeigefinger wieder nach hinten und dann wickeln Sie den Faden einmal um den Zeigefinger. So kann der Faden später nicht zu schnell rutschen und mit dem Finger haben Sie etwas Führung. Wenn der Faden um den Zeigefinger gewickelt ist, sollten ca. 20 cm vom Fadenende übrig sein, daraus wird die Anfangsschlinge gemacht und der Rest kann dann später vernäht werden. Zu kurz sollte dieses Ende nämlich nicht sein, ansonsten kann das Häkelstück aufgehen. Dieses Ende kann mit Daumen und Mittelfinger erst einmal festgehalten werden und Sie gewöhnen sich ein wenig daran. Wenn Sie dann mit Ihrem Häkelstück anfangen und am Häkeln sind, wird dieses dann mit Daumen, Mittel-

und Zeigefinger und dem kleinen Finger festgehalten.

Die Haltung der Häkelnadel ist wesentlich einfacher und geht auf zwei Weisen: Entweder halten Sie sie wie ein Messer oder wie einen Stift. Probieren Sie beide Weisen aus und schauen Sie, welche Haltung Ihnen besser gefällt.

## DIE ANFANGSSCHLINGE

Kommen wir zur Anfangsschlinge, denn ohne diese geht nichts. Die Anfangsschlinge hat einen Knoten am Ende, kann aber dadurch größer oder kleiner gemacht werden. Entweder machen die diese Schlinge von Hand oder gehen wie folgt vor:

Sie führen den Faden so, wie bei der Haltung beschrieben. Nachdem Sie den Faden um den Zeigefinger gewickelt haben, legen Sie den Faden einmal von vorn nach hinten um den Daumen und über den Faden, der vom Zeigefinger kommt. Dann klemmen Sie das Fadenende entweder zwischen dem Mittel- und Ringfinger oder dem Ringfinger und dem kleinen Finger ein und halten es so fest.

Nun nehmen Sie die Nadel und fahren mit dieser von unten nach oben durch die Schlinge am Daumen, greifen den Faden, welcher vom Zeigefinger kommt, und ziehen diesen durch die Schlinge vom Daumen. Wenn Sie den Faden durchgezogen haben, können Sie die Schlinge vom Daumen gleiten lassen und die den Knoten, welcher sich dann bei der Schlinge auf der Nadel bildet, festziehen. Dabei sollte die Schlinge gut auf der Nadel sitzen und sich aber auch noch bewegen lassen. So haben Sie nun die Anfangsschlinge geschafft.

## DIE LUFTMASCHE

Die Luftmasche ist eine ganz einfache Masche, die aus einem Schritt besteht, da Sie nur einmal den Faden holen und durchziehen. Diese brauchen Sie auch immer, um eine Häkelarbeit zu beginnen, denn der Anfang besteht meist aus einer Luftmaschenkette. Eine Luftmaschenkette besteht aus mehreren Luftmaschen nacheinander.

Es gibt auch noch andere Anfangs- bzw. Anschlagsmöglichkeiten, diese sind aber mehr für Fortgeschrittene. Apropos Anschlagmöglichkeiten: Oftmals heißt es, man soll eine gewisse Zahl von Luftmaschen „anschlagen". Das heißt einfach, dass man eine Luftmaschenkette mit einer gewissen Anzahl Luftmaschen für den Anfang der Häkelstückes häkelt.

Eine Luftmasche kann aber auch inmitten der Häkelarbeit gemacht werden, so kann man zum Beispiel eine Zunahme oder auch eine Lücke häkeln, sodass ein Lochmuster entsteht. Luftmaschen werden auch beim Wenden der Arbeit oder dem Beginn einer Runde gehäkelt, das wird aber gleich noch extra und bei den einzelnen Maschen erklärt.

Für eine Luftmasche haben Sie den Faden wieder, wie bei der Haltung beschrieben, inklusive Anfangsschlinge. Nun halten Sie den Faden unterhalb der Anfangsschlinge mit Daumen und Mittelfinger fest. Dann holen Sie den Faden, welcher vom Zeigefinger kommt, mit der Häkelnadel, indem Sie mit ihr unter dem Faden durch nach hinten und über dem Faden wieder nach vorn gehen. So ist der Faden einmal um die Häkelnadel geschlungen, was dann auch Umschlag genannt wird, und Sie können den Faden mit dem Haken vorn greifen und einmal durch die Anfangsschlinge ziehen. So haben Sie nun Ihre erste

Luftmasche gemacht. Diesen Vorgang wiederholen Sie beliebig oft, bis Ihre Luftmaschenkette lange genug für Ihr Vorhaben ist. Wenn die Luftmaschenkette immer länger wird, können Sie mit Daumen und Mittelfinger nachgreifen.

Die Luftmaschenkette sieht nun von vorn und von hinten wie ein Zopf aus, aber mit kleinen Querfäden in der Mitte.

Wenn man eine Luftmaschenkette anschlägt, wird die Anfangsschlinge beim Zählen nicht mitgezählt. Heißt es also, Sie sollen 30 Luftmaschen anschlagen, machen Sie die Anfangsschlinge und fangen dann aber der Luftmasche, die Sie in diese häkeln, an, zu zählen.

## DIE WENDELUFTMASCHE

Die Wendeluftmasche ist eine besondere und auch wichtige Masche. Sollten Sie diese vergessen, kann es passieren, dass Sie nachher eine Masche weniger haben. Wendeluftmaschen brauchen Sie, wie der Name schon sagt, beim Wenden der Häkelarbeit, aber auch beim Rundenhäkeln, beim Anfang einer neuen Runde. Im Nachfolgenden werden Ihnen noch die feste Masche, das halbe

Stäbchen und das einfache Stäbchen vorgestellt, welche alle Wendeluftmaschen brauchen. Jede dieser Maschen hat jedoch eine eigene Anzahl an Wendeluftmaschen und beim halben Stäbchen und beim Stäbchen gibt es noch eine kleine Besonderheit. Sie gelten bei diesen beiden Maschen schon als eigene Masche, sodass man dann die erste Masche der Reihe auslässt. Genaueres bekommen Sie nun bei der Erklärung der einzelnen Maschen erklärt.

## DIE FESTE MASCHE

Die Luftmaschenkette ist jetzt geschafft, es kommen nun die festen Maschen. Die festen Maschen ergeben ein dichtes, gleichmäßiges und auch recht festes Maschenbild und sind die zweitniedrigste Masche. Sie können eine ganze Häkelarbeit nur damit häkeln, wie mit jeder anderen Masche auch, oder sie als Basis nutzen. Auch werden sie gern verwendet, um eine Häkelarbeit zu umhäkeln. Sie besteht aus 2 Schritten und benötigt beim Reihen-/Rundenwechsel immer eine Wendeluftmasche.

Sie haben nun also Ihre Luftmaschenkette geschafft, Sie haben sie mit der Vorderseite vor sich und wollen weitermachen. Für die erste feste Masche der Reihe stechen Sie in die zweite Luftmasche ab der Häkelnadel ein. Ab der Häkelnadel heißt, dass die Masche auf der Häkelnadel nicht mitgezählt wird.

Wenn Sie durch diese besagte Luftmasche stechen und auf der Rückseite nachsehen, liegt entweder ein Teil auf und zwei Teile unter der Häkelnadel oder es liegen zwei Teile der Luftmasche auf der Nadel und ein Teil darunter. Sie können sich aussuchen, wie Sie es haben möchten, Sie sollten das dann aber auch immer gleich machen. Sie haben also durch die Luftmasche durchgestochen und schlingen sich den Faden wieder, wie bei der Luftmasche vorher auch beschrieben, und Sie ziehen ihn durch diese eine Luftmasche durch, jedoch nicht durch die, die noch mit auf der Häkelnadel ist. Das ist dann der erste Schritt.

Im zweiten Schritt schlingen Sie sich wieder den Faden um die Häkelnadel und ziehen ihn durch beide Maschen, welche auf der Nadel liegen, durch. Fertig ist nun Ihre erste feste Masche. Diese beiden Schritte werden nun so oft wiederholt, bis keine Luftmasche mehr übrig ist. Dann haben Sie Ihre erste Reihe feste Maschen geschafft und nun noch eine Masche auf der Nadel ist. Durch diese Masche machen Sie noch eine Luftmasche, das ist die Wendeluftmasche. Dann können Sie die Arbeit wenden und die zweite Reihe beginnen.

Wenn Sie nun von oben auf die erste Reihe sehen, können Sie auch wieder eine Art Zopf erkennen, Sie stechen von vorn nach hinten genau unter diesem „Zopf" durch, um den Faden für den ersten Schritt zu holen. Schritt zwei verhält sich dann genau gleich, wie oben schon erklärt. Also ändert sich lediglich die Einstichstelle für die Häkelnadel.

So arbeiten Sie nun Reihe für Reihe. Für Runden gibt es später noch eine genaue Erklärung.

## DAS HALBE STÄBCHEN

Das halbe Stäbchen wird fast gleich wie die feste Masche gehäkelt und hat 3 Schritte. Die halben Stäbchen ergeben ein nicht ganz so festes, aber doch dichtes Muster. Sie sind ein klein wenig höher als die festen Maschen. Hier werden beim Reihen-/Rundenwechsel 2 Wendeluftmaschen benötigt.

Wenn Sie die halben Stäbchen auf die Luftma-schenkette setzen wollen, wird das erste in die dritte Luftmasche ab der Häkelnadel gehäkelt.

Der erste Schritt des halben Stäbchens ist ein Umschlag. Dafür schlingen Sie den Faden so um die Häkelnadel, als würden Sie den Faden holen wollen, ziehen ihn aber nicht durch die Masche auf der Häkelnadel, sondern lassen den Umschlag auf der Nadel. Im zweiten Schritt stechen Sie nun durch die Luftmasche und holen wie gewohnt den Faden, nun haben Sie 3 Schlingen auf der Nadel. Zuletzt beim dritten Schritt holen Sie den Faden wieder und ziehen ihn durch alle drei Schlingen komplett durch. Das halbe Stäbchen ist nun ge-schafft. So arbeiten Sie nun bis ans Ende der Luft-maschenkette weiter, bis die Reihe beendet ist.

Nun kommt der Wechsel in die nächste Reihe. Dafür werden 2 Wendeluftmaschen benötigt und ab dem halben Stäbchen, und allen höheren Ma-schen zählen diese schon als erste Masche der Reihe. Also die beiden Wendeluftmaschen zählen nun als erstes halbes Stäbchen der Reihe. Daher wird dann die erste Masche der Reihe ausgelassen und es wird gleich in die zweite Masche gehäkelt und die Reihe weitergehäkelt. Es wird genauso eingestochen wie bei den festen Maschen.

## DAS STÄBCHEN

Das Stäbchen oder auch das einfache Stäbchen ist noch höher als das halbe Stäbchen und hat 4 Schritte. Die Stäbchen ergeben ein lockeres und nicht sehr dichtes Muster. Es ist eine recht hohe Masche. Hier werden beim Reihen-/Rundenwechsel 3 Wendeluftmaschen benötigt.

Wenn Sie die einfachen Stäbchen auf die Luftmaschenkette setzen wollen, wird das erste in die vierte Luftmasche ab der Häkelnadel gehäkelt.

Auch der erste Schritt des einfachen Stäbchens ist ein Umschlag, genau wie beim halben Stäbchen. Dafür schlingen Sie den Faden so um die Häkelnadel, als würden Sie den Faden holen wollen, ziehen ihn aber nicht durch die Masche auf der Häkelnadel, sondern lassen den Umschlag auf der Nadel. Im zweiten Schritt stechen Sie nun durch die Luftmasche und holen wie gewohnt den Faden, nun haben Sie 3 Schlingen auf der Nadel.

Nun, beim dritten Schritt, holen Sie den Faden wieder und ziehen ihn durch die ersten beiden

Schlingen auf der Häkelnadel durch. Es befinden sich nun noch 2 Schlingen auf der Häkelnadel. Für den vierten und letzten Schritt holen Sie nun wieder den Faden und ziehen ihn durch die beiden Schlingen durch. Das einfache Stäbchen ist nun geschafft. So arbeiten Sie nun bis ans Ende der Luftmaschenkette weiter, bis die Reihe beendet ist.

Nun kommt der Wechsel in die nächste Reihe. Dafür werden 3 Wendeluftmaschen benötigt und diese zählen schon als erste Masche der Reihe. Also die drei Wendeluftmaschen zählen nun als erstes einfaches Stäbchen der Reihe. Daher wird dann die erste Masche der Reihe ausgelassen und es wird gleich in die zweite Masche gehäkelt und die Reihe weitergehäkelt. Es wird genauso eingestochen wie bei den festen Maschen.

Von dem Stäbchen gibt es auch noch mehr Varianten. So gibt es noch das Doppelstäbchen, das Dreifachstäbchen und das Vierfachstäbchen, wobei das Vierfachstäbchen sehr selten vorkommt. Diese Stäbchen haben dann mehr Umschläge und werden auch in mehr Schritten gehäkelt. Diese lernen Sie dann auch, wenn Sie etwas fortgeschrittener sind.

# DIE KETTMASCHE

Die Kettmasche ist auch oft sehr praktisch. Sie ist die niedrigste Masche, liegt eng am Häkelstück an und Sie können mit ihr eine Runde schließen, einen Rand behäkeln, eine Verzierung anbringen, zwei Häkelstücke verbinden oder auch Maschen abnehmen. Sie besteht wie die Luftmasche auch nur aus einem Schritt, wird aber an der Arbeit angebracht und ist nicht „in der Luft" wie die Luftmasche. Das heißt, Sie haben eine Schlinge auf der Häkelnadel, stechen mit dieser in eine Masche ein, holen den Faden durch und ziehen ihn dann auch gleich durch die Schlinge, welche Sie auf der Häkelnadel haben. So schnell geht die Kettmasche.

# DER FARBWECHSEL

Zweifarbig Häkeln ist keine große Kunst. Auch die Farbe zu wechseln, gestaltet sich sehr einfach. Egal, bei welcher Masche, wenn Sie die Farbe wechseln, wird immer der letzte Schritt der Masche, nach welcher Sie die neue Farbe haben möchten, mit der neuen Farbe gehäkelt. Würden Sie das nicht tun, haben Sie die alte Farbe mit in der nächsten Masche. Dieser Wechsel ist immer gleich, egal, wo Sie ihn setzen, selbst am Reihenende wird er ganz genauso gemacht.

Lassen Sie aber genug vom Fadenende übrig, damit Sie es nachher gut vernähen können. Sie können auch, als kleine Hilfe, beide Fäden miteinander verknoten, aber mit einem Knoten, welcher sich wieder für das Vernähen öffnen lässt. Sollte der Knoten Sie jedoch nicht stören, da er später auf einer Rückseite ist, können Sie ihn auch lassen.

## IN RUNDEN/SPIRALEN HÄKELN

Wenn Sie in Runden häkeln möchten, müssen Sie die Luftmaschenkette zu einer Runde schließen. Achten Sie darauf, dass die Luftmaschenkette nicht verdreht ist und die Vorderseite nach außen zeigt. Nun schließt man die Luftmaschenkette zu einer Runde, indem man die erste und die letzte Masche mit einer Kettmasche verbindet. Nun haben Sie zwei Möglichkeiten, weiterzumachen.

Möglichkeit 1 – Runden: Haben Sie die Luftmaschenkette geschlossen, häkeln Sie die entsprechende Anzahl an Wendeluftmaschen, je nachdem, welche Masche Sie verwenden wollen. Wenn Sie feste Maschen häkeln wollen, kommt die erste feste Masche in dieselbe Luftmasche wie die Kettmasche. Bei den höheren Maschen, also dem halben und dem einfachen Stäbchen, dann erst in die zweite, also in die nach der Kettmasche.

Dann häkeln Sie Ihre Maschen die Runde entlang bis zur letzten Luftmasche. Wenn Sie die letzte Masche der Runde gehäkelt haben, schließen Sie die Runde wieder mit einer Kettmasche, welche bei den festen Maschen in die erste Masche der Runde und bei den höheren Maschen in die oberste Wendeluftmasche gehäkelt wird.

Was nun vorher in der ersten Runde galt, gilt auch in jeder weiteren Runde: Bei den festen Maschen wird die erste immer in die Masche, in welcher auch die Kettmasche ist, gehäkelt und bei den höheren erst in die danach, weil bei den höheren Maschen die Wendeluftmaschen auch schon als Masche gelten. Also die beiden Wendeluftmaschen beim halben Stäbchen zählen auch schon als erstes halbes Stäbchen und die drei des Stäbchens zählen auch schon als erstes Stäbchen.

Möglichkeit 2 – Spiralen: Nach dem Schließen der Luftmaschenkette mit der Kettmasche häkeln

Sie erst einmal wie oben auch noch eine feste Masche in dieselbe Luftmasche und dann auch die ganze Rundgang, wenn Sie bei den festen Maschen bleiben. Sind Sie am Ende angekommen, schließen Sie die Runde nicht mit einer Kettmasche, sondern häkeln gleich eine feste Masche. Nun können Sie weiter in Spiralen häkeln, bis Sie fertig sind. Um Spiralen mit höheren Maschen zu häkeln, fangen Sie trotzdem auch mit einer festen Masche nach der Kettmasche an. Nach der einen festen Masche kommt ein halbes Stäbchen. Wollen Sie dabei bleiben, gehen Sie vor wie bei den festen Maschen. Und möchten Sie dann aber mit Stäbchen arbeiten, häkeln Sie nach dem halben Stäbchen noch ein Stäbchen und verfahren dann mit den Stäbchen auch genauso wie mit den festen Maschen und den halben Stäbchen.

Durch diese Vorgehensweise erhöhen Sie langsam die Maschen, um dann in Spiralen häkeln zu können. Genau gegenteilig gehen Sie dann am Ende vor. Einfach immer die nächstkleinere Masche häkeln, bis Sie die Kettmasche gemacht haben.

# ZU- UND ABNAHMEN

Manchmal möchten Sie vielleicht mehr oder weniger Maschen zwischendrin haben oder auch eine Arbeit umhäkeln, um einen schönen Rand zu bekommen. Hierfür brauchen Sie die Ab- und die Zunahmen. Sie sind einfach und gehen schnell.

Bei den Zunahmen häkeln Sie einfach zwei oder drei Maschen in ein und dieselbe Masche, schon haben Sie durch Verdoppeln oder Verdreifachen eine Zunahme. Sie können auch zum Beispiel einfach eine Luftmasche an der Stelle häkeln, an welcher Sie zunehmen wollen. Im Normalfall, wenn man in einer Arbeit eine Luftmasche häkelt, lässt man die Masche darunter aus, um bei der bestehenden Anzahl zu bleiben. Bei der Zunahme lassen Sie keine Masche aus, sodass die Luftmasche also neue Masche zwischendrin gehäkelt ist. Wenn Sie eine Masche verdreifachen, können Sie auch als mittlere Masche eine Luftmasche häkeln, damit Sie nicht so oft in dieselbe Masche einstechen müssen. Zunahmen sind also nicht schwer.

Die Abnahmen sind ebenso wenig schwer. Entweder lassen Sie einfach eine Masche aus, diese Methode ergibt aber, je nachdem, welche

Maschenart Sie gerade verwenden, ein kleines Loch. Sie können aber auch zwei Maschen zusammen abmaschen. Das heißt, Sie häkeln die Masche bis zum letzten Schritt, der wird aber noch nicht gehäkelt. Dann fangen Sie die nächste Masche an und im letzten Schritt ziehen Sie den Faden bei beiden Maschen durch, so wird aus zwei Maschen eine. Zum Beispiel stechen Sie bei festen Maschen beim ersten Schritt in die Häkelarbeit ein und holen den Faden, sodass Sie zwei Schlingen auf der Häkelnadel haben. Danach würden Sie für den letzten Schritt den Faden noch ein weiteres Mal holen und durch beide Schlingen ziehen, damit die Masche beendet wäre. Das lassen Sie nun aber und stechen in die nächste Masche ein, und wieder den Faden des ersten Schritts zu holen und so haben Sie nun drei Schlingen auf der Häkelnadel. Nun machen Sie den letzten Schritt, holen den Faden und ziehen ihn durch alle drei Schlingen auf der Häkelnadel durch und fertig ist Ihre Abnahme.

So verfahren Sie bei den anderen Maschenarten auch, die erste Masche arbeiten, außer dem letzten Schritt, danach die zweite Masche anfangen und im letzten Schritt beide zusammenhäkeln. Diese Abnahme funktioniert auch mit mehr als zwei Maschen. Wenn Sie zwei oder mehr Maschen zusammenhäkeln, nennt man das auch zusammen abmaschen.

Bei den festen Maschen gibt es noch eine einfache Abnahme für den Reihenanfang, bei den Runden funktioniert es nicht. Wenn Sie die Reihe wenden, machen Sie keine Wendeluftmasche. So wird nach dem Wenden die erste Masche der Reihe automatisch verdeckt und Sie häkeln gleich in die zweite Masche. Zu- und Abnahmen sind also auch nicht schwer und schnell und einfach gemacht.

## EINEN RAND UMHÄKELN

Wenn Sie noch einen richtig schönen Abschluss Ihrer Häkelarbeit möchten, empfiehlt es sich, den Rand zu umhäkeln. Dafür setzten Sie noch eine Reihe der entsprechenden Maschen, mit welchen Sie den Rand umhäkeln möchten, drauf. Sollten Sie von Ihrer letzten Reihe weg schon den Rand umhäkeln wollen, brauchen Sie diese zusätzliche Reihe dann nicht mehr.

Wenn Sie nun in der letzten Masche der Reihe angekommen sind, wird diese, wenn Sie feste

Maschen und halbe Stäbchen häkeln, verdreifacht, wenn Sie Stäbchen häkeln, vervierfacht. So haben Sie die erste Ecke schon geschafft und sind nun schon an der nächsten Seite Ihrer Häkelarbeit. Hier kommt es nun darauf an, mit welchen Maschen Sie Ihre Arbeit gehäkelt haben. Haben Sie die Arbeit mit festen Maschen gehäkelt, häkeln Sie einfach in jede Reihe eine Masche. Sind es halbe Stäbchen, kommen in jede Reihe zwei, und bei Stäbchen dann drei Maschen. So häkeln Sie, bis Sie die Seite beendet haben und unten am Anfang angekommen sind. Die letzte Masche der Seite wird nun wieder vervielfacht, je nach Maschenart, und schon sind Sie an der Unterseite Ihrer Arbeit. Dort ist es sehr gut ersichtlich, wo eingestochen wird, da diese Seite Ihr Anfang mit der Luftmaschenkette war.

Am Ende der Reihe wird wieder die Ecke gehäkelt und schon sind Sie an der letzten Seite, welche genau wie die gegenüberliegende gearbeitet wird. Dort gibt es nun eine Besonderheit: Sie häkeln bis nur vorletzten Reihe, da die letzte schon zum Rand gehört. Wenn Sie also nun in der vorletzten Reihe angekommen sind, häkeln Sie in diese eine Masche weniger als in den anderen

Ecken, zum Beispiel statt drei dann zwei oder statt vier dann drei. Nun schließen Sie das Ganze nur noch mit einer Kettmasche in die erste Masche Ihrer Umrandung und beenden Ihre Häkelarbeit.

## DIE HÄKELARBEIT BEENDEN

Nun kommt der letzte Schritt, bevor Sie Ihre komplett fertige Häkelarbeit in den Händen halten. Sie haben die letzte Masche Ihrer Arbeit gehäkelt und haben nun nur noch eine Schlinge auf der Häkelnadel. Schneiden Sie nun den Faden in einem Abstand von ca. 15 bis 20 cm von der Häkelnadel ab. Dann halten Sie das Fadenende fest, nehmen es mit der Häkelnadel auf, lassen es dann los, ziehen es einmal komplett durch die letzte Schlinge durch und ziehen den Faden gut fest, sodass der Knoten gut sitzt. Ziehen Sie nur nicht zu fest, ansonsten kann es sein, dass sich mehrere Maschen zusammenziehen oder gar Ihr Faden abreißt. Nun haben Sie noch mindestens zwei Fäden, wenn nicht sogar durch Farbwechsel und neues Knäuel noch mehr, welche vernäht werden müssen. Schauen Sie, dass Sie diese Fäden am besten an einer dichten Stelle vernähen können oder an einem

Reihenübergang. Achten Sie darauf. Nicht mit der Nadel durch das Garn durchzustechen, sondern komplett zwischen den Maschen durch.

Haben Sie eine Arbeit mit einer Vorder- und einer Rückseite, wird der Faden natürlich auf der Rückseite vernäht.

Sollten Sie zwei Teile zusammennähen wollen, empfiehlt es sich natürlich, ein längeres Fadenende stehen zu lassen. So können Sie damit gleichzeitig die Teile zusammennähen und das Fadenende dadurch auch vernähen. Optional können Sie nun Ihre Häkelarbeit noch mit dem Spannen in Form bringen.

## DIE ABKÜRZUNGEN

Die Anleitungen beim Häkeln werden entweder als Häkelschrift, also mit Zeichen, oder in Worten, aber mit vielen Abkürzungen geschrieben. Einige dieser Abkürzungen bekommen Sie nun hier, diese werden dann auch im weiteren Verlauf auftauchen.

| | |
|---|---|
| abm. = abmaschen | abn. = abnehmen |
| abw. = abwechselnd | anschl. = anschlagen |
| Arb. = Arbeit | arb. = arbeiten |
| einf. = einfach/e | Fb. = Farbe |
| fM = feste Masche | folg. = folgende |
| HN = Häkelnadel | HR = Hinreihe |
| hStb. = halbe/s Stäbchen | KM = Kettmasche |
| LFM = Luftmasche | M = Masche |
| MA = Maschen-anschlag | Nd. = Nadel |
| NS = Nadelstärke | R = Reihe |
| Rd. = Runde | restl. = restliche/n |
| RR = Rückreihe | Schl. = Schlinge |
| Stb. = Stäbchen | wdh. = wiederholen |
| Wlm. = Wende-luftmasche | zun. = zunehmen |
| zus. = zusammen | zus. abm. = zusammen abmaschen |

Diese Abkürzungen werden Sie nun auch in den folgenden Anleitungen wiederfinden.

# Die ersten Projekte

Nun sind Sie also bereit, Ihre ersten Projekte zu starten. Nachfolgend kommen sehr anfängerfreundliche, schriftliche Anleitungen. Später, wenn Sie viel und gern nach Anleitungen häkeln, werden Sie auch irgendwann noch die Häkelschrift kennenlernen, in welcher auch oft Anleitungen geschrieben werden. Diese besteht aus verschiedenen Zeichen für die einzelnen Maschen, welche dann auch in der Form, die sie ergeben soll, aufgezeichnet werden.

# TOPFLAPPEN

Topflappen sind sehr beliebte Anfängerprojekte, da sie sehr einfach gestaltet werden können und auch nicht sehr viel Zeit brauchen – und gebraucht werden sie doch auch immer. Bei einem Topflappen kann man auch in aller Ruhe das gleichmäßige Häkeln üben. Sie eignen sich auch immer als nette kleine Geschenke.

Für den Topflappen brauchen Sie ein Baumwollgarn in 2 Farben für die NS 4–5, sollten Sie sehr fest häkeln, nehmen Sie Baumwollgarn für die NS 3–4, eine Häkelnadel der Stärke 4, eine Schere und eine Wollnadel. Wichtig ist, dass Sie reines Baumwollgarn verwenden, da dieses Hitzebeständig ist.

Nun machen Sie Ihre Anfangsschlinge und häkeln eine Luftmaschenkette aus 36 weiteren Lfm.

Haben Sie diese geschafft, haken Sie eine fM in die zweite Lfm ab der Häkelnadel und dann auch in jede weitere. Die fertige Reihe besteht dann aus 35 fM.

Dann häkeln Sie 2 Wlm und häkeln ab der zweiten M der Vorreihe bis zum Ende hStb. Nach dieser Reihe gibt es wieder nur 1 Wlm und die dritte Reihe wird wieder mit festen Maschen gehäkelt. So wiederholen Sie nun immer eine Reihe fM und eine Reihe hStb, bis Sie 35 Reihen haben, sprich, Sie enden mit einer Reihe fM. Dieses Viereck häkeln Sie in einer Farbe.

Bei den fM-Reihen häkeln Sie die letzte fM immer in die obere der beiden Wlm der Vorreihe, da diese ja auch schon als hStb gelten.

Nun kommt noch eine Umrandung und dafür häkeln Sie den letzten Schritt der letzten fM der letzten Reihe mit der anderen Farbe und setzen damit noch eine Reihe obenauf. Die letzte fM der Reihe wird verdreifacht, damit Sie um die Ecke kommen und an der nächsten Seite sind. Sie häkeln jetzt in jede Reihe aus fM eine fM und in jede Reihe aus hStb zwei fM, bis Sie wieder am Ende sind. Hier wieder die letzte M für die Ecke verdreifachen und nun sind Sie an der Luftmaschenkette. Hier sehen Sie wieder, wo Sie für die fM einstechen müssen. Wenn Sie dann nach der Ecke wieder an der nächsten Seite angekommen sind, wird diese genauso gehäkelt wie die gegenüberliegende. Diese Seite wird aber nur bis zur vorletzten Reihe gehäkelt, da die letzte schon zur

Umrandung gehört. In die vorletzte Reihe wird nun nur eine M gehäkelt, dann häkeln Sie eine Luftmaschenkette von 10 Lfm und Sie schließen diese mit einer KM an die erste M der Umrandung an. So haben Sie nun auch eine Öse zum Aufhängen. Die Arbeit wird, wie erklärt, beendet, der Faden wird, in einem Abstand von ca. 15 cm zur Arbeit, abgeschnitten und einmal komplett durch die Schlinge auf der Häkelnadel gezogen, dann müssen Sie nur noch die Fadenenden vernähen und fertig ist Ihr erster Topflappen.

Als Variante für die Mutigeren können Sie noch alle 5 oder alle 7 Reihen einen Farbwechsel machen, um ein Streifenmuster zu erhalten. Die Farbwechsel werden immer am Ende einer Reihe beim letzten Schritt der letzten M gemacht. Dabei könnten Sie dann auch drei Farben verwenden. Zwei für die Streifen und noch eine passende Farbe für die Umrandung.

## STIRNBAND I

Stirnbänder sind auch immer schöne und einfache Projekte, die relativ wenig Zeit in Anspruch nehmen und man kann sie individuell ohne große Mühe anpassen.

Für dieses Projekt brauchen Sie eine Häkelnadel der Stärke 6 und eine zur Nadelstärke passende Wolle Ihrer Wahl. Denken Sie daran, die passende Nadelstärke steht immer auf der Banderole des Wollknäuels. Dazu brauchen Sie natürlich noch ein Maßband, eine Schere und eine Wollnadel. Sie können es aber auch ohne Maßband machen. Es wird in Reihen gehäkelt.

Als Erstes messen Sie den benötigten Umfang Ihres Kopfes, und zwar legen Sie das Maßband so am Kopf an, wie auch das Stirnband sitzen würde. So können Sie sicher sein, dass es später gut sitzt.

Nun schlagen Sie eine Luftmaschenkette aus 16 Lfm an und setzen darauf eine Reihe fM. Die Reihe sollte nun aus 15 fM bestehen. Wenn die Maschenanzahl passt, häkeln Sie nun Reihe für Reihe fM, messen Sie, sobald Ihr Stirnband länger wird, immer wieder nach. Die Länge des Stirnbandes sollte ungefähr 1 cm weniger haben als Ihr Kopfumfang. Dabei bleibt die Maschenanzahl pro Reihe immer gleich.

Sollten Sie kein Maßband zur Hand haben, häkeln Sie Ihr Stirnband und halten Sie es sich immer wieder um den Kopf. Es ist dann lang genug, wenn Sie beide Enden des Stirnbandes, beim Halten um den Kopf, unter leichter Spannung aneinander bekommen. Wenn das Stirnband zu locker ist, kann es nicht sitzen und rutscht Ihnen immer wieder herunter.

Vergessen Sie nicht am Anfang jeder Reihe die Wlm. Bei den fM ist es immer nur eine.

Ihr Stirnband ist nun also lang genug für den nächsten Schritt. Der Rand wird nun umhäkelt. Dafür setzen Sie noch eine Reihe fM drauf, verdreifachen die letzte fM der Reihe wieder und häkeln die lange Seite entlang immer eine fM in jede Reihe bis zum Ende der Seite. Die letzte M wird wieder verdreifacht und es wird in die Luftmaschen vom Anfang gehäkelt. Die Ecke wird dann wie gewohnt wieder gehäkelt und die zweite lange Seite ist dran. Hier bitte wieder daran denken, nur bis zur vorletzten Reihe zu häkeln, diese M dann nur verdoppeln und die Arbeit mit einer KM in die erste M der Umrandung schließen. Nun muss die Arbeit nur noch beendet werden, das heißt, Sie schneiden den Faden wieder in einem Abstand von ca. 25 cm zur Arbeit ab, ziehen ihn komplett durch die Schlinge auf der Häkelnadel durch und ziehen ihn gut fest.

Vernähen Sie nun den Faden vom Anfang Ihrer Arbeit gut. Mit dem Faden vom Ende nähen Sie nun noch Ihr Stirnband zusammen. Legen Sie beide Enden des Stirnbandes aufeinander. Schauen Sie von oben auf beide Enden, Sie sehen nun zwei „Zöpfe" nebeneinander. Fädeln Sie das Fadenende auf eine Nadel und fahren Sie nun immer durch beide Enden unter jeder M durch auf die andere Seite und durch die nächste M wieder zurück. Wenn Sie dabei von oben wieder darauf sehen, geht Ihre Nadel immer unter den „Zöpfen" hin und her durch. So verfahren Sie nun immer weiter, bis Sie beide Enden komplett zusammengenäht haben. Wenn Sie möchten, können Sie das Ganze einmal hin und zurück machen, das ist aber optional.

Sind Sie nun fertig mit dem Zusammennähen, kommt nun nur noch das Vernähen des Fadenendes. Sollten Sie sich noch etwas unsicher sein, können Sie nach dem Zusammennähen das Fadenende erst mit einem kleinen Knoten auf der Innenseite befestigen, bevor Sie es vernähen. Schneiden Sie das Fadenende aber nicht sofort nach dem

Knoten ab, denn sollte er aufgehen, geht auch Ihre Naht auf. Haben Sie das geschafft, halten Sie nun Ihr fertiges Stirnband in den Händen.

Kleiner Tipp noch zur Auswahl der Wolle: Wenn Sie es warm wollen, wählen Sie eine schöne weiche und flauschige Wolle. Sie können aber das Stirnband auch als Haarband nutzen, dann empfiehlt es sich, eine eher glatte und nicht so wärmende Wolle zu nutzen.

## STIRNBAND II

Auch dieses Stirnband können Sie wieder mit und auch ohne Maßband häkeln. Es braucht nicht viel Zeit und wird in Runden gehäkelt. Hierfür brauchen Sie eine Häkelnadel der Stärke 6, die dazu passende Wolle Ihrer Wahl, auch je nachdem, ob es dann als wärmendes Stirnband oder Haarband genutzt wird, ein Maßband, welches optional ist, und natürlich eine Schere und eine Wollnadel.

Es wird wieder als Erstes der Umfang des Kopfes an der Stelle gemessen, an welcher das Stirnband dann sitzt bzw. sitzen soll.

Wie immer wird nun als Erstes eine Anfangsschlinge gemacht und eine Luftmaschenkette gehäkelt. Diese Luftmaschenkette sollte entweder genauso lang sein wie der gemessene Kopfumfang oder aber Sie halten sie sich um den Kopf, dort, wo später das Stirnband sitzen soll. Dabei soll die Luftmaschenkette am Kopf anliegen, aber nicht unter Spannung stehen. Das ist wichtig, denn wenn Sie nachher die nächsten Runden machen, zieht es sich ein wenig zusammen und wird dann gut am Kopf sitzen. Zählen Sie ruhig Ihre Lfm, wenn Sie sich damit sicherer fühlen, dann können Sie zwischendrin auch mal kontrollieren, ob Sie richtig sind oder etwas ausgelassen haben. Durch das Schließen der Runde haben Sie beim weiteren Häkeln eine M weniger als Lfm. Wenn Sie also 70 Lfm haben, häkeln Sie später mit 69 M weiter. Die Maschenanzahl, die Sie dort dann haben, bleibt immer gleich.

Ist die Luftmaschenkette nun also lang genug, achten Sie darauf, dass sie nicht verdreht ist und schließen Sie sie mit einer KM in die Anfangsschlinge zur Runde. Ist das gemacht, brauchen Sie eine Wlm, um die erste Runde mit fM zu häkeln. Achten Sie darauf, die erste fM in dieselbe M zu häkeln wie die KM. Sind Sie am Ende der Runde angelangt und haben die letzte fM gehäkelt, wird die Runde wieder mit einer KM, welche in die erste fM kommt, geschlossen. Wiederholen Sie nun das Ganze ab der Wlm noch einmal, sodass Sie dann zwei Runden fM gehäkelt haben.

Haben Sie die dritte Runde fM mit der KM geschlossen, häkeln Sie nun 3 Wlm. Nun kommt eine Runde Stb. Da, wie vorher erklärt, bei den Stb. die 3 Wlm schon als M zählen, stechen Sie für das nächste Stb. erst in die zweite M ein und nicht in die erste, in welcher auch die KM ist. Danach häkeln Sie die ganze Runde mit Stb. wieder bis zum Ende und schließen Sie mit einer KM. Vergessen Sie nicht die Wlm. an jedem Reihenanfang. Für die fM eine und für die Stb. sind es drei.

Jetzt ist es ganz einfach, Sie wiederholen nun die beiden Runden fM und die Runde mit dem Stb. Also geht es wieder so los wie ab der Wlm nach dem Schließen der Luftmaschenkette. Wenn Sie diese drei Runden also noch einmal wiederholt haben, haben Sie bereits sechs Runden geschafft. Als Abschluss kommen noch einmal zwei Runden fM darauf. Nach dem Schließen der zweiten Runde fM beenden Sie Ihre Arbeit wie mittlerweile gewohnt und vernähen nur noch die Fäden. So ist Ihr in Runden selbst gehäkeltes Stirnband fertig.

## SCHAL

Diesen Schal können Sie mit kuscheliger Wolle für den Winter oder mit glatter Wolle als cooles Accessoire häkeln.

Sie brauchen eine Häkelnadel mit der Stärke 6, 2–4 Knäuel zu der Häkelnadel und Ihrem Projekt passende Wolle, je nachdem, wie lang Sie Ihrem Schal haben möchten, die passende Nadelstärke steht wie immer auf der Banderole, eine Schere und eine Wollnadel.

Nun machen Sie Ihre Anfangsmasche und schlagen dann noch 21 Lfm an. Danach setzen Sie eine Reihe fM darauf. Mit dieser Reihe fM sollten Sie nun 20 M haben. Diese Maschenanzahl bleibt immer gleich.

Auch diese Reihe mit fM setzen Sie noch zwei weitere Reihen fM. Haben Sie diese geschafft, setzen Sie nun noch drei Reihen Stb. darauf. Vergessen Sie nicht die richtige Anzahl an Wlm, bei dem fM ist es eine und bei dem Stb. sind es drei und beim Stb. zählen die Wlm schon als erstes Stb., sodass Sie das nächste Stb. in die zweite M häkeln.

Die ersten sechs Reihen Ihres Schals sind nun geschafft und genau diese sechs Reihen wiederholen Sie nun so lange, bis Ihnen Ihr Schal lang genug ist. Achten Sie darauf, noch einiges an Wolle übrigzuhaben, denn als Abschluss häkeln Sie nun noch einmal drei Reihen fM.

Nach der letzten fM der dritten Reihe wird die Arbeit beendet, also der Faden bei einer Länge von ca. 15 cm abgeschnitten und noch mal durch die Schlinge auf der Häkelnadel gezogen.

Jetzt gibt es noch zwei Wege: Entweder, Sie vernähen die Fadenenden und Ihr Schal ist fertig, oder Sie bringen noch Fransen an beiden Enden des Schals an, wenn Sie noch genug Wolle übrighaben. Auch vor dem Anbringen der Fransen werden die Fadenenden am Schal erst vernäht. Wie und wo Sie die Fransen nun anbringen, ist Ihnen überlassen. Sie können zum Beispiel durch jede Masche einen Faden machen und verknoten, Sie können aber auch mehrere Fäden auf einmal und in größeren Abständen anbringen.

Schneiden Sie die Wolle dafür in ca. 30 cm lange Stücke. Lassen Sie sie lieber etwas zu lang als zu kurz, denn kürzen kann man später immer noch. Wenn Sie genug haben, können Sie sie nun anbringen, wie es Ihnen beliebt, und Sie auch dann noch nach Belieben kürzen.

Eine weiterführende Option wäre dann noch, dass Sie aus den Fransen noch kleine Zöpfchen flechten. Diese sind aber, wie die Fransen auch, ganz optional und eine Sache der gewünschten Optik. Es steht Ihnen also ganz offen, ob Sie so etwas anbringen oder nicht.

Wenn Sie nun alles so geschafft haben, wie Sie es wollten, haben Sie Ihren selbst gehäkelten Schal.


## KUSCHELLOOP

Sie haben nun Ihren ersten Schal gehäkelt, jetzt können Sie sich auch an Ihren ersten kuscheligen Loop wagen. Er ist nicht viel schwerer, fast sogar noch einfacher, da er mit einer stärkeren Häkelnadel und somit mit einer dickeren Wolle gehäkelt wird.

Für den Kuschelloop brauchen Sie eine Häkelnadel mit der Stärke 10, 2–4 Knäuel passende, natürlich schöne, kuschelige Wolle Ihrer Wahl, die Nadelstärke steht wie immer auf der Banderole, ein Maßband, eine Schere und eine Wollnadel.

Wie immer wird zuerst die Anfangsschlinge gemacht, dann häkeln Sie die Luftmaschenkette.

Diese soll ca. 120 cm lang werden. Wenn sie so lang ist, schließen Sie die Luftmaschenkette mit einer Km zur Runde. Dabei müssen Sie gut darauf achten, dass die Luftmaschenkette nicht verdreht ist. Dadurch, dass sie sehr lang ist, könnte das etwas länger dauern, haben Sie dies aber geschafft, ist alles andere einfach.

Sie haben nun also Ihre Luftmaschenkette mit einer KM zur Runde geschlossen und machen nun mit einer Runde fM weiter. Haben Sie die Runde fM fertig und mit einer KM geschlossen, häkeln Sie drei Wlm und die kommenden Enden dann nur Stb.

Sind Sie mit dieser Runde fertig, kommt noch einmal eine Runde mit Stb. Nun sind es drei Runden, eine Runde fM und zwei Runden Stb. Diese drei Reihen wiederholen Sie nun noch zweimal. Wenn Sie das geschafft haben, kommt noch einmal eine letzte Runde fM. Vergessen Sie nicht die richtige Anzahl an Wlm, bei den fM ist es eine und bei dem Stb. sind es drei und beim Stb. zählen die Wlm schon als erstes Stb., sodass Sie das nächste Stb. in die zweite M häkeln.

Haben Sie diese letzte Reihe fM geschafft, können Sie Ihre Arbeit beenden. Sie haben die letzte Runde mit einer KM geschlossen und noch eine Schlinge auf der Häkelnadel. Schneiden Sie den Faden nun bei einer Länge von ca. 15 cm ab, ziehen Sie ihn einmal komplett durch die Schlinge auf der Häkelnadel und ziehen Sie ihn dann fest.

Nun fehlt nur noch das Vernähen der Fadenenden. Wenn Sie das geschafft haben, ist Ihr schöner kuscheliger Loop fertig und bereit, Sie im nächsten Winter zu wärmen.

## ZU DEN ANLEITUNGEN

Alle Anleitungen sind sehr anfängerfreundlich und wie Sie vielleicht festgestellt haben, können Sie die Arbeiten daraus teilweise noch ein wenig individuell für sich selbst gestalten.

Das ist das Schöne am Häkeln, dass man die Häkelarbeiten oft noch einmal individuell anpassen kann, gerade, was gewisse Größen angeht.

Dadurch, dass Sie normalerweise Masche für Masche arbeiten und nicht – wie beim Stricken – viele bzw. alle Maschen auf den Nadeln haben, können Sie oft viel flexibler sein und Sie müssen dabei auch keine Angst haben, dass Sie Maschen verlieren könnten, weil Sie von der Nadel rutschen.

So können Sie auch jederzeit, wenn nötig, die Häkelarbeit zur Seite legen, ohne Sorge, dass sie gleich auf- oder auseinandergeht.

So eine kleine Häkelarbeit wie ein Stirnband oder ein Topflappen lässt sich auch gut zum Mitnehmen in der Handtasche verstauen, wenn Sie wohin müssen, wo Sie länger warten müssen. So lässt sich eine Wartezeit wunderbar überbrücken.

# Quellen für Tipps + Tricks und Anregungen + Anleitungen

## YOUTUBE

Auf YouTube können Sie viele weitere kostenlose Anleitungen und Anregungen finden. Auch können Sie sich dort die richtige Haltung für das Häkeln ansehen und bekommen viele weitere tolle Techniken und Muster erklärt.

Geben Sie einfach nur mal Häkeln oder auch Wolle in die Suchleiste ein, es gibt unzählige Videos, und dort können Sie auch dann noch sehen, wie vielseitig und kreativ das Häkeln sein kann. Auch gibt es noch mehrere Arten des Häkelns. Es ist also für jeden etwas dabei. Schauen Sie sich auch ruhig mehrere verschiedene Kanäle an, denn jeder hat eine andere Art und auch andere Tipps, wodurch Sie mehr lernen können.

Andere soziale Medien

Natürlich gibt es außer YouTube auch noch andere soziale Medien, wie Facebook, Instagram oder auch Pinterest, auf welchen Sie sich Anregungen, Anleitungen, Tipps und Tricks holen können.

Auch hier geben Sie einfach mal Häkeln oder auch Wolle in die Suchleiste ein, Sie werden sehen, dass es auch dort sehr viele Seiten zu diesem Thema gibt. Auch hier können Sie sich so viele tolle Anregungen holen und oftmals werden auch kostenlose Anleitungen, auch Freebies genannt, angeboten.

Versuchen Sie sich am Anfang lieber an Freebies, bis Sie eine gewisse Routine haben, denn die meisten Freebies sind sehr anfängerfreundlich.

Gerade in den sozialen Medien werden Ihnen dann auch verschiedene Arten des Häkelns begegnen, wie zum Beispiel das tunesische Häkeln, bei welchem mit mehreren Maschen auf der Häkelnadel gearbeitet wird, oder das Amigurumi-Häkeln, bei welchem niedliche Tierchen gehäkelt werden. Sie sehen also, es werden wohl keine Wünsche offen bleiben.

## SUCHMASCHINEN UND WEBSITES/BLOGS

Ganz beliebt und sicher auch jedem bekannt sind die Suchmaschen im Internet. Hierüber können Sie genauso suchen wie in den sozialen Medien und kommen dann auf verschiedene Websites/Blogs.

Auch hier werden Sie alles finden, was Sie suchen. Es gibt große, allgemeine Websites mit allen möglichen Anleitungen, Mustern und Techniken, es gibt aber auch kleine persönliche Websites, auf welchen Sie sicher einiges finden werden.

Auch werden Sie dort sicher sehr viele Freebies finden, sodass Ihnen wohl nie langweilig werden wird und Sie vieles ausprobieren und anfertigen können.

## PRINTMEDIEN

Natürlich kommt das beste zum Schluss, die guten alten Printmedien, also Bücher, Zeitschriften etc. Diese kosten zwar ein wenig, aber im Vergleich zu dem Mehrwert oder der Menge an Anleitungen, die Sie in einem Buch oder in einer Zeitschrift erhalten, ist es das wert.

Es gibt Zeitschriften und Bücher für Anfänger, Fortgeschrittene und Profis, aber auch speziell auf gewisse Projekte wie Socken, Dreiecktücher, Mützen, Schals, u. v. m. ausgelegt.

Also auch hier finden Sie alles, was das Herz begehrt, und es werden keine Wünsche offen bleiben. Dazu noch ein Buch in der Hand zu halten oder neben sich liegen zu haben, hat doch dann auch etwas Schönes an sich.

# Zum guten Schluss

Das Häkeln ist wirklich ein großartiges Hobby, bei welchem Sie auch wunderbar abschalten können. Nehmen Sie sich Zeit dafür und nehmen Sie sich aber auch die Zeit, alles in Ruhe zu lesen, anzusehen und sich umzusehen. Wollen Sie zu schnell zu viel, geht es meist schief, wie bei den meisten Dingen. Ärgern Sie sich nicht über jeden Fehler, Sie passieren und gehören zum Lernprozess dazu. Ziehen Sie die Arbeit lieber einmal mehr auf, als dass Sie dann einen Fehler darin haben, über welchen Sie sich später ärgern. Haben Sie Geduld und Sie werden gut vorankommen.

Beim Umsehen und Ausprobieren können Sie auch wunderbar herausfinden, was Ihnen am besten liegt. Vielleicht bleiben Sie bei Schals, Stirnbändern, Mützen und Co., vielleicht liegt Ihnen dann auch aber eher das Amigurumi-Häkeln. Probieren Sie Material, Werkzeug, Techniken etc. aber immer über einen längeren Zeitraum aus, um wirklich zu sehen, was zu Ihnen passt oder nicht. Auch hier gilt also: Geduld haben und Zeit nehmen.

Üben und häkeln Sie das, was Ihnen gefällt, und nicht etwas, was gerade in ist. Finden Sie Ihren eigenen Weg und auch Ihren eigenen Stil beim Häkeln, denn Sie wollen Spaß daran haben und nicht andere.

Wenn Sie bei dem Hobby dranbleiben, werden Sie merken, was es tatsächlich bewirken kann, wie anfangs schon bei der Erwähnung der Studien beschrieben.

Das Tolle ist auch, dass das Häkeln ein Hobby ist, welches man so gut wie überall ausüben kann, je nach Größe Ihres Projektes. Haben Sie ein handliches Projekt, nehmen Sie es einfach in der Handtasche, einer kleinen extra Tasche oder auch der Jackentasche überallhin mit und Sie werden sehen, dass Ihnen zum Beispiel Wartezeiten nichts mehr ausmachen werden.

Auch muss es nicht immer teuer sein. Es gibt schon Material und Werkzeug in toller Qualität zu einem kleinen Preis.

Nun haben Sie viel Spaß und Freude mit Ihrem neuen Hobby!

Herstellung und Verlag:

BoD – Books on Demand, Norderstedt

ISBN: 9783756835843

© Marlies Brandau 2022

1. Auflage

Kontakt: Psiana eCom UG/ Berumer Str. 44/ 26844 Jemgum

Covergestaltung: Fenna Larsson

Coverfoto: depositphotos.com